Welcome to Japan!

中学英語で話そう 日本の文化

② 日本の街を歩こう

大門久美子［編著］

汐文社

もくじ

この本の使い方／この本の登場人物——03

● 日曜日は晴れるみたい
天気の話をする————04

● 道に迷った!?
街に出かける————06

● 便利なICカード
切符とICカード————08

● 原宿はいくつ目の駅?
電車に乗る————10

● 電車を間違えた?
電車の車内で————12

● ボタンを押してね
バスに乗る————14

● ここに座ってください
席をゆずる————16

● 自動運転の車が増えている
乗り物の話をする————18

● 日本のスーパーってどう?
スーパーに行く————20

● どれでも100円!
100円ショップに行く————22

● 探している洋服は…?
ショッピングを楽しむ————24

● 試着したワンピースが…
洋服を試着する————26

● これがでんでん太鼓
お土産を買う————28

● どんな映画?
エンターテインメント————30

● オムライスをください
料理を注文する————32

● 信号が変わるよ
道路を横断する————34

● ブチのサイン!?
マークとサイン————36

● 長い行列のわけは…?
行列のできているお店を話題にする————38

● SNSに写真をアップしよう
SNSを使う————40

● 猫派? それとも…?
ペットのことを話す————42

● いちばん近い地下鉄の駅は…?
道を教える————44

● 地図を見ながら…
行き方を教える————46

● パンダの写真を撮りたい!
動物園に行く————48

● バラの名前は…?
バラ園に行く————50

● 「かわいい」は世界共通語!
外国人を案内する（東京）————52

● 京都はエキゾチックタウン
外国人を案内する（京都・大阪）————54

● 少年よ、大志を抱け!?
外国人を案内する（北海道）————56

● 大丈夫?
具合の悪そうな人を見たら————58

● アメリカまで小包を送ると…
郵便を出す————60

さくいん————62

この本の使い方

● 「キーフレーズ」は、その ページのいちばん重要な 表現。ぜひ中学生に覚え てほしいものを選びました。

● すぐに使える単語や表現を紹介しています。

● 4人の中学生と、日本 文化にくわしい猫のブチ の会話で、日本の生活や 文化を紹介する表現を学 びましょう。

● おおむね中学3年生時点で学習していないと考えられる 語には、参考としてカタカナで発音を表示しています。オ レンジの文字のところを強く読むと英語らしくきこえます。

※英語は世界中で使われていて、国や地域によって表現 や発音がちがうことがあります。この本で紹介する表現や 発音は、アメリカで使われている英語を基本にしています。

この本の登場人物

Lily
リリィ
アメリカ出身。
行ってみたい場所は原宿。

Sai
サイ
インド出身。食べることが大好き。

Ryu
リュウ
中学2年生。最近うれしかったのは アイドルに会えたこと。

Sakura
サクラ
中学2年生。
スポーツならなんでも得意。

Buchi
ブチ
日本文化にだれよりもくわしい。実 は何百年も前から生きている!?

日曜日は晴れるみたい

天気の話をする

 It has almost stopped raining.

ようやく雨が止んだね。

 It'll be fine on Sunday, according to the weather forecast.
アコーディン(グ)
フォーキャスト
キーフレーズ

天気予報によると、日曜は晴れるみたい。

 Sounds good! Shall we go shopping?

いいね！買い物に行かない？

 Why not? I'd like to go to a hundred-yen shop.

もちろん！100円ショップに行ってみたい。

 I want to buy a dress!

私はワンピースがほしいな！

 Don't forget you all have a test on Monday!

月曜日にテストがあることを忘れんようにな！

天気を説明しよう！

It's sunny today.
今日は晴れています。

It'll be cool tomorrow.
明日は涼しくなります。

rainy
雨降りの

cloudy
曇りの

snowy
雪の降る

warm
暖かい

hot
暑い

cold
寒い

道に迷った!?

街に出かける

 I'm lost. I'm not going to make it in time!
道に迷っちゃった。待ち合わせに遅れちゃう！ キーフレーズ

 Hi, Lily. Can I come with you? I'm lost.
ハイ、リリィ。ついて行っていいかな？ 道に迷ったんだ。

 You too? Look! Maybe that woman can help us.
サイも？ 見て！ あの人なら教えてくれるかも。

 Excuse me. Could you tell us how to get to the station?
すみません。駅にはどうやって行ったらいいですか？

 I want to go to the movie theater. But I'm lost.
私は映画館に行きたいんだけど、道に迷っちゃって。

 You too?
あなたもですか？

いろいろな施設

park
公園

stadium
競技場

library
図書館

movie theater
映画館

zoo
動物園

museum
博物館

post office
郵便局

fire station
消防署

police box
交番

便利なICカード

切符とICカード

 How do I buy a ticket?
切符はどうやって買うの？

 I recommend that you use an IC card.
ICカードを使うといいよ。

 How do you use it?
どうやって使うの？

 First, charge the card with some money.
まず、カードにチャージするんだ。

 Then just scan it when you go through the automatic ticket gate.
そして、自動改札をタッチすれば、機械が読んでくれるよ。

 How convenient!
なんと便利なんじゃ！

駅の中

ticket vending machine
ヴェンディン(グ)
マ シ ー ン
券売機

ticket
切符

IC card
ICカード

timetable
タイムテイブル
時刻表

route map
ルート
路線図

automatic ticket gate
自動改札

platform
プラトゥフォーム
プラットホーム

train
電車

station worker
ワーカァ
駅員

09

原宿はいくつ目の駅？

電車に乗る

 How many stops to Harajuku?
原宿はいくつ目なの？

 2 stops.
2つ目だよ。

 How long does it take?
どれくらいかかるの？

 About 5 minutes.
5分くらい。

 Well, I can take a nap.
じゃあ、昼寝ができるな。

 Only for 5 minutes?
たったの5分で？

覚えておこう！

- **How do I get to Shinjuku?**
  新宿に行くにはどうしたらいいですか？

- **Take the Chuo line.**
  中央線に乗るといいですよ。

- **Do I need to transfer?**
  （トゥランスファー）
  乗り換えが必要ですか？

- **Transfer at Ochanomizu.**
  お茶の水で乗り換えてください。

- **Where's the lost-and-found?**
  落し物取扱所はどこにありますか？

- **Just over there.**
  あそこです。

電車を間違えた?

電車の車内で

 Oh, my God! I think we took the wrong train. キーフレーズ

わー! 電車を間違えたかも。

 Let's get off at the next station and take the Yamanote Line.

次の駅で降りて、山手線に乗ろう。

 Wait a moment! I've lost my ticket!

待ってくれ! 切符がない!

 Maybe you dropped it?
ドゥラップト

落としたんじゃない?

 I've found it!

そこにあるじゃん!

覚えておこう！

Is this the local train?
これは各駅停車ですか？

Does this train go to Akihabara?
この電車は秋葉原へ行きますか？

Which track is for Tokyo?
トゥラック
東京に行くのはどのホームですか？

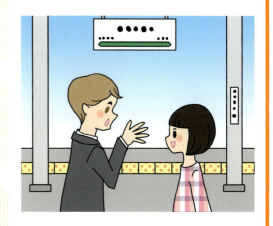

How often does the train come?
電車は何分間隔で来ますか？

Every 10 minutes.
10分間隔です。

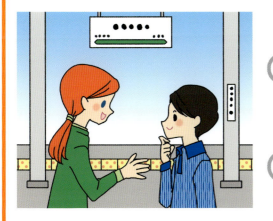

ボタンを押してね

バスに乗る

This bus is so crowded.
バス、混んでいるね。

There're no seats.
空いている席はなさそうだね。

What should I do when I get off at the bus stop?
バスを降りるときはどうするの？

Press the button to let the driver know.
ボタンを押して運転手に知らせるよ。

キーフレーズ

Oh, no! I pressed it by mistake because the bus jolted!
わー！バスがゆれたから、間違えて押しちゃった！

The next stop is ours!
次が降りるバス停だよ！

覚えておこう！

- How much is it to Akihabara?
  秋葉原までの運賃はいくらですか？

- Could you tell me when we get to Akihabara?
  秋葉原に着いたら教えてください。

- Have we already passed Akihabara?
  秋葉原はもう過ぎてしまいましたか？

- Are there any サイトゥスィーイン(グ) sightseeing buses?
  観光バスはありますか？

- Which bus goes to Akihabara?
  どのバスが秋葉原に行きますか？

- Take the number 10 bus.
  10番のバスです。

ここに座ってください

席をゆずる

A pregnant woman is getting on the bus.
プレグナント
妊婦さんが乗って来たよ。

Excuse me. You can sit here if you want.
すみません。よければ、ここに座ってください。

キーフレーズ

Thanks a lot.
ありがとう。

Oh, Buchi looks bad.
あれ、ブチの顔色が悪いよ。

I feel like I'm getting carsick.
カースィック
バスに酔ったみたいなんじゃ。

Excuse me. You can sit here if you want.
あの、よければ、ここに座ってくださいな。

こんな言い方もできるよ！

You can sit here if you want.の代わりに……

- Have a seat.

- You can have my seat.

- Would you like to sit down?

覚えておこう！

プライオリティ
priority seat
優先席

サイレント　モード
silent mode
マナーモード

turn off
電源オフ

ストゥラップ
strap
つりかわ
吊革

自動運転の車が増えている

乗り物の話をする

 There're so many cars in Tokyo.
東京は車が多いね。

 Recently, the number of self-driving cars has been increasing.
リースントゥリィ　インクリースィン(グ)
最近は、自動運転の車が増えているのう。

 I wish bicycles were automatic too.
オートマティク
自転車も自動運転にならないかなあ。

 Why?
どうして？

 Because it would be so easy to go anywhere.
どこに行くにも楽だから。

街で見かける車

bus
バス

taxi
タクシー

トゥラック
truck
トラック

アンビュランス
ambulance
救急車

エンヂン
fire engine
消防車

メイル モウタサイクル
mail motorcycle
郵便バイク

パトゥロウル
patrol car
パトカー

ガーベヂ
garbage truck
ゴミ収集車

motorcycle
オートバイ

日本のスーパーってどう?

スーパーに行く

What do you think about Japanese supermarkets?
日本のスーパーはどう? キーフレーズ

Japanese cashiers are very polite!
キャシアズ　ポライト
日本は、レジの人がとってもていねい!

How about in India?
インドはどう?

Guess what is limited in Japanese supermarkets?
日本のスーパーに少ないのは、何だと思う?

Let's see ...
それは…。

Spices.
スパイスじゃな。

That's the answer!
言おうと思ったのに!

スーパーの売り場

vegetables
野菜

meat
肉

fish
魚

sweets
お菓子
か　し

フロウズン
frozen food
れいとう
冷凍食品

soft drinks
ソフトドリンク

デアリィ
dairy products
乳製品

インスタント
instant food
インスタント食品

detergents
ディターヂェンツ
せんざい
洗剤

どれでも100円！

100円ショップに行く

There're so many goods in a hundred-yen shop! キーフレーズ
100円ショップには、すごくたくさんの商品があるね！

Is everything only 100 yen?
どれもたったの100円なの？

Yes. But you must pay consumption tax.
コン サム ション　タックス
そうだよ。でも、消費税がかかるよ。

Small Japanese goods and food samples are popular among foreigners.
サンプルズ
フォーリナァズ
外国人には、和風小物や食品サンプルが人気みたいじゃな。

Look! This beckoning cat looks like Buchi, right?
ベ カニン（グ）
見て！この招き猫、ブチみたいじゃない？

いろいろなお店

コンヴィーニェンス
convenience store
コンビニ

モール
shopping mall
ショッピングモール

department store
百貨店

public bath
銭湯

マーケット
market
市場

flower shop
生花店

ドゥラグストーァ
drugstore
薬局

shopping street
商店街

クロウズィン(グ)
clothing store
衣料品店

探している洋服は…？

ショッピングを楽しむ

 May I help you?
いらっしゃいませ。

 I'm looking for a dress.
ワンピースを探しているんです。

 These ones are 50% off today only.
こちらは今日だけ50％オフになります。

 You should buy one!
買わなきゃ！

 Do you have a T-shirt to suit me?
（スート）
わしに合うTシャツはあるかな？

 I'm so sorry. There's a pet shop next door.
申し訳ございません。ペットショップは隣（となり）でございます。

いろいろな洋服（トップス）

ポロ
polo shirt
ポロシャツ

ブラウス
blouse
ブラウス

shirt
シャツ

フーディ
hoodie
パーカー

スウェットゥシャート
sweatshirt
スウェット

スウェタァ
sweater
セーター

カーディガン
cardigan
カーディガン

キャミソウル
camisole
キャミソール

タンク
tank top
タンクトップ

試着したワンピースが…

洋服を試着する

 Can I try it on?
試着してもいいですか？

 Sure. The fitting room is over there.
もちろんです。試着室はあちらです。

What do you think about this?
これ、どうかな？

 It really suits you!
スーツ
とてもよく似合ってるよ！

 Excuse me. You're wearing the dress back to front.
あの、失礼ですが、ワンピースが後ろ前です。

 Oh, no!
やだー！

26

いろいろな洋服（ボトムスなど）

ヂーンズ
jeans
ジーンズ

パンツ
pants
ズボン

ショーツ
shorts
ショートパンツ

スカート
skirt
スカート

ドレス
dress
ワンピース

スート
suit
スーツ

パヂャーマズ
pajamas
パジャマ

アンダパンツ
underpants
下着のパンツ

ブラジア
brassiere
ブラジャー

これがでんでん太鼓

お土産を買う

This shop is good for Japanese souvenirs.
スーヴェニアズ
このお店は、日本のお土産を買うのにピッタリだよ。 キーフレーズ

What's this?
これは何？

A small toy drum. It's a child's toy. I'll show you how to use it.
でんでん太鼓。子どものおもちゃなの。こうやって使うよ。

Nice sound!
いい音がするね！

 Oh, I'm going to faint!
フェイント
わー、倒れる〜！

 Buchi, what's wrong?
ブチ、どうしたの？

 Watching the ball move makes me feel dizzy!
ディズィ
ボールを見ていたら、目が回ってしもうた！

日本のお土産

wooden clogs
げ た
下駄

タ ウ エ ル
hand towel
てぬぐい

オ ー ナ メ ン ト ゥ ル　ヘ ア ピ ン
ornamental hairpin
かんざし

wooden *kokeshi* doll
こけし

フォウルディン（グ）
folding fan
せん す
扇子

round fan
うちわ
団扇

ラ ピ ン （ グ ） ク ロ ー ス
wrapping cloth
ふ ろ しき
風呂敷

Japanese umbrella
わ がさ
和傘

cup and ball
けん玉

29

どんな映画?

エンターテインメント

 Let's watch a movie.
What kind of movie do you want to watch?
映画を見ようよ。
どんな映画が見たい?

 I like action (アクション) movies.
アクションものがいいなあ。

 I like romantic (ロマンティック) comedies (カメディズ).
私はラブコメ。

 Let's toss (トス) up to choose (チューズ) one.
じゃんけんで決めよう。

 Rock, paper, scissors (スィザズ)!
じゃんけんぽん!

 I won! How about a cat movie?
わしの勝ちじゃな! 猫の映画はどうかな?

日本のエンターテインメント

J-POP
バップ
Jポップ

traditional Japanese ballad
バラド
演歌

comic book
まんが
漫画

アニメイション
animation
アニメーション

Japanese movie
ほうが
邦画

カメディ デュオウ
comedy duo
漫才

ソウロウ パフォーミン(グ)
solo performing
コミーディアン
comedian
落語

ロウル
role-playing game
RPG

karaoke
カラオケ

オムライスをください

料理を注文する

 Are you ready to order?
ご注文はお決まりですか？

 I'll have the fluffy rice omelet.
ふわとろオムライスをください。

 Me too!
同じものを！

 Anything else?
他に何かございますか？

 I think that's all for now.
今のところOKです。

 Wait! She hasn't taken my order yet!
待て！ わしがまだじゃ！

> 覚えておこう！

- What do you recommend?
  レコメンド
  何がオススメですか？

- We're going to share the food.
  シェア
  みんなで分けて食べます。

いろいろな食べ物

spaghetti
スパゲティ
スパゲティ

pizza
ピーツァ
ピザ

hamburger steak
ハンバーガァ ステイク
ハンバーグ

pancake
パンケイク
パンケーキ

gratin
グラートゥン
グラタン

drinks bar
バー
ドリンクバー

信号が変わるよ

道路を横断する

Now the traffic light is green but it's going to turn red soon.
トゥラフィク
キーフレーズ
信号がもうすぐ青から赤に変わるよ。

It's too crowded to move!
クラウディド
人が多くて、前に進めない！

Where's Buchi?
ブチはどこ？

Come on! I'm here.
おーい！ わしはここじゃ。

How did you get there?
どうやってそこまで行ったの？

I passed between everyone's legs.
みんなの足元をくぐったんじゃ。

覚えておこう！

◯ **Walk behind the white line.**
白線の内側を歩きなさい。

◯ **Watch your step!**
足元に気を付けて！

道路に関するもの

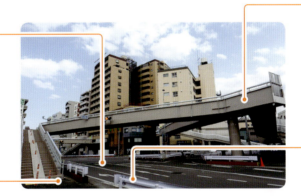

road
道路

ペデストゥリアン
pedestrian
歩道

ブリッヂ
pedestrian bridge
歩道橋

ガードレイル
guard rail
ガードレール

インタセクション
intersection
交差点

レイルロウド クロースィン(グ)
railroad crossing
ふみきり
踏切

バイスィクル パーキン(グ)ラット
bicycle parking lot
ちゅうりんじょう
駐輪場

35

ブチのサイン!?

マークとサイン

There're a lot of marks and signs in a town.
街にはマークやサインがたくさんあるね。

They're easy to understand even for foreigners.
外国人にもわかりやすいよね。

The Emergency exit sign was created by a Japanese man.
非常口のサインは、日本人が作ったんじゃ。

Amazing!
すごい！

Look! This is a cat sign!
ねえ、これ、猫のサインだよ！

Beware of the cat, not the dog.
猛犬ならぬ、猛猫注意じゃ。

36

いろいろなマークやサイン

Emergency exit
非常口

レストゥルーム
Restroom
トイレ

エレヴェイタァ
Elevator
エレベーター

Escalator
エスカレーター

ウィールチェア アクセス
Wheelchair access
車椅子マーク

マインド
Mind the door
ドア注意

フォウトグラフス
No photographs
撮影禁止

エンタァ
Do not enter
立ち入り禁止

ゾウン
School zone
スクールゾーン

37

長い行列のわけは…？

行列のできているお店を話題にする

What's this long line for?
ライン
キーフレーズ
この長い行列は何なの？

This is a very popular pancake shop.
パンケイク
人気のパンケーキのお店なの。

You have to wait for more than 2 hours!
2時間以上は待つんじゃよ！

I'm used to long lines.
行列には慣れているよ。

What long line do you mean?
何の行列？

The one when I shook hands with a pop star!
シュック
パップ
アイドルの握手会！
あくしゅ

覚えておこう！

○ **This line is for a smartphone shop.**
スマートフォウン
この行列はスマホを買うためです。

○ **Please stand in line.**
一列に並んでください。

○ **Please stand in a double line.**
ダブル
二列に並んでください。

○ **Please go to the end of the line.**
列に割り込まないで並んでください。

○ **Your cooperation in lining up for the train would be appreciated.**
コウアペレイション / アプリシエイティド
整列乗車にご協力をお願いします。

39

SNSに写真をアップしよう

SNSを使う

I'll upload pictures of pancakes to SNS.
アップロウド　パンケイクス
パンケーキの写真をSNSにアップしようっと。

I'll post them online for my sister in India.
ポウスト　アンライン
ぼくは、インドの妹に送るよ。

You're used to SNS.
SNSに慣れているようじゃな。

Have you used SNS, Buchi?
ブチはSNSを使ったことあるの？

Not yet. Someday soon.
まだじゃ。そのうちな。

I guess Buchi doesn't know how to use it.
使い方を知らなかったりして。

キーフレーズ

40

覚えておこう！

ソウシャル ネトゥワーキン（グ） サーヴィス
social networking service
SNS

I check SNS every day.
SNSを毎日チェックします。

カメント
I posted a comment on her picture.
かのじょ
彼女の写真にコメントしました。

アディクト
Are you an SNS addict?
SNS中毒じゃない？

ワイファイ
Can I use free Wi-Fi here?
ここはWi-Fiが使えますか？

Yes, you can. This is the パスワード **password.**
使えますよ。これがパスワードです。

猫派？ それとも…？

ペットのことを話す

Look! The cat in that house is so lovely.
見て！ あの家の猫、きれいだね！

So cute!
かわいい〜！

Recently, people prefer cats to dogs as pets.
リースントゥリィ
プリファー
最近、犬より猫をペットにしている人が多いよね。

Are you a cat person or a dog person. ＊一フレーズ
みんなは猫派？ それとも犬派？

I'm a dog person.
ぼくは犬派かな。

What do you mean?
何じゃと？

いろいろなペット

スコティシュ フォウルド
Scottish fold
スコティッシュ・フォールド

ショートゥヘア
American shorthair
アメリカン・ショートヘア

キャリコウ
calico cat
みけねこ
三毛猫

プードゥル
toy poodle
トイ・プードル

チワーワー
chihuahua
チワワ

shiba **dog**
柴犬

rabbit
うさぎ

パラキート
parakeet
インコ

ゴウルドフィシ
goldfish
金魚

いちばん近い地下鉄の駅は…?

道を教える

Excuse me. Where's the nearest subway station?
すみません。いちばん近い地下鉄の駅はどこですか？

It's near that intersection.
あの交差点の近くです。

That guy is a famous singer, right?
今の人、有名な歌手じゃない？

You should have got his autograph!
サインをもらえばよかったのに！

You can have my autographs!
わしのサインなら、ここにあるぞ！

> 覚えておこう！

Over there.
向こうです。

It's next to the convenience store.
コンビニの 隣(となり) です。

It's opposite(アポズィト) the park.
公園の向かい側です。

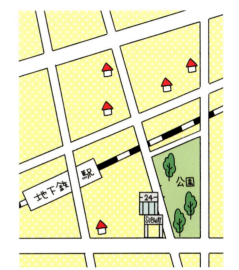

Sorry I couldn't help you.
お役に立てなくて、ごめんなさい。

I'm not sure where it is.
どこかわかりません。

I'm a stranger(ストゥレインヂァ) here.
このあたりはくわしくないです。

地図を見ながら…

行き方を教える

 Excuse me. Where am I on this map?
すみません。この地図のどこにいますか？

 You're here now.
ここにいるよ。

 Could you tell me how to get to the station?
駅までどうやって行くか教えてください。

 Go straight and turn left at the third corner.
まっすぐ行って3つ目の角を左に曲がってください。

 It's on your right.
右側にありますよ。

 Thank you so much!
どうもありがとう！

 You're welcome!
どういたしまして！

> 覚えておこう！

Turn right.
右に曲がってください。

It's on your left.
左側にあります。

Follow the road.
道なりに行ってください。

Go past the bank.
　　バスト
銀行を通り過ぎてください。

You can't miss it.
すぐに見つかります。

Follow me, please.
ぼくについてきてください。

パンダの写真を撮(と)りたい！

動物園に行く

 Here we are at the zoo.
動物園に来たよ。

 I'd like to see the panda(パンダ)!
パンダが見たいな！

 Good idea!
いいね！

 I'll take some pictures for SNS.
SNS用に写真を撮るつもり。

 You can upload(アップロゥド) my pictures on SNS too.
わしの写真をSNSに投稿(とうこう)してもいいぞ。

いろいろな動物

panda
パンダ

giraffe
ヂラフ
キリン

elephant
ゾウ

コウアーラ
koala
コアラ

tiger
トラ

lion
ライオン

monkey
サル

キャンガルー
kangaroo
カンガルー

キャピバラ
capybara
カピバラ

バラの名前は…？

バラ園に行く

 What beautiful roses!
きれいなバラ！

 They smell good!
いい香(かお)りがするね！ キーフレーズ

 Did you know some roses have Japanese names?
日本語の名前のバラを知っているかな？

 No. What?
知らない。何？

 Well, there're Hagoromo, Megami, Sazanami and so on.
羽衣、女神、さざなみなどがあるんじゃ。

 Oh, romantic!
ロウマンティク
ロマンティック！

いろいろな花

サンフラワー
sunflower
ひまわり

テューリプ
tulip
チューリップ

ロウタス
lotus flower
れんげ

ダンディライオン
dandelion
たんぽぽ

グローリィ
morning glory
あさがお

sweet pea
スイートピー

ハイドゥレインヂャ
hydrangea
あじさい

クリサンセサム
chrysanthemum
きく

レイプ
rape blossoms
なのはな

「かわいい」は世界共通語!

外国人を案内する（東京）

 Which tourist spots in Tokyo do you recommend?
東京の観光は、どこがオススメ？

 Shibuya. Every shop sells something "*kawaii!*"
渋谷。どのお店もかわいいものを売ってるよ！

 "*Kawaii*" means "cute" and has now become an international word.
「かわいい」は「cute」で、今や世界共通語じゃ。

 "Buchi is *kawaii*." Does that sound OK?
「ブチはかわいい」。これ、合ってる？

 Well, I guess so.
ま、まあな。

いろいろな東京の観光地

Tokyo Skytree
東京スカイツリー

Tokyo Tower
東京タワー

Kaminari-mon
かみなりもん
雷門

レインボウ
Rainbow Bridge
レインボーブリッジ

Ueno Zoo
上野動物園

インピアリアル　パレス
the Imperial Palace
皇居

Shibuya
渋谷

Tokyo Station
東京駅

Ryogoku Kokugikan
両国国技館

京都はエキゾチックタウン

外国人を案内する(京都・大阪)

 Kyoto is an exotic town for foreigners.
キーフレーズ
京都は、外国人にとって、エキゾチックな街なんだ。

 Where do you want to go in Kyoto?
京都のどこに行きたい?

 Gion! I'd like to wear a "*maiko*" costume.
祇園! 舞妓さんのコスプレ、したいなあ。

 I want to have something delicious in Dotonbori in Osaka.
ぼくは、大阪の道頓堀でおいしいものを食べたいなあ。

 Me too!
ぼくも!

 Me too!
わしも!

いろいろな関西地方の観光地

Fushimiinari-taisha Shrine
シ ラ イ ン
伏見稲荷大社
ふし み い なり

Gion
祇園
ぎ おん

Amanohashidate
天橋立
あまのはしだて

Arashiyama
嵐山
あらしやま

Great Buddha
ブ ー ダ
大仏

Kaiyukan
海遊館

Nara Park
奈良公園

Osaka Castle
大阪城

Dotonbori
道頓堀
どうとんぼり

55

少年よ、大志を抱け!?

外国人を案内する（北海道）

 What do you think about Hokkaido?
北海道の印象って、どう？

 The snow is so beautiful in Niseko!
ニセコの雪がきれい！

 The seafood is so delicious in Hakodate!
函館の海鮮がおいしい！

 You're a foodie, right?
サイは食いしん坊だね。

 Boys, be ambitious!
少年よ、大志を抱け！

 OK! I'll be a champion at an eating contest!
OK! 大食いコンテストでチャンピオンになる！

 That's not what I meant.
そういう意味じゃないんじゃが。

いろいろな北海道の観光地

Sapporo Snow Festival
さっぽろ雪まつり

The Clock Tower
さっぽろ
札幌時計台

Mt. Hakodate
はこだてやま
函館山

ファーム
Farm Tomita
ファーム富田

Asahiyama Zoo
あさひやま
旭山動物園

Niseko
ニセコ

ケイプ
Shiretoko Cape
しれとこみさき
知床 岬

Toya Lake
とうやこ
洞爺湖

スタチュー　　　　ダクタァ
statue of Dr.Clark
クラーク博士像（北海道大学）

大丈夫?

具合の悪そうな人を見たら

 You don't look well, Miss. **Are you OK?**
お嬢さん、具合が悪そうですね。大丈夫ですか?

 Thanks. I have a headache.
ありがとう。頭痛がして。

 Do you want to go to a hospital?
病院に行きたいですか?

 No. I think I just need a rest.
いいえ。ちょっと休めば大丈夫です。

 I'll take you to that bench, Miss.
あそこのベンチまで行きましょう。

 What a kind man he is!
なんて親切!

こんな言い方もできるよ！

You don't look well.の代わりに……

- You don't look OK.

- You look pale.
  ペイル

- You look sick.

覚えておこう！

I have a stomachache.
スタマクエイク
お腹が痛いです。

I have a fever.
フィーヴァ
熱があります。

アメリカまで小包を送ると…

郵便を出す

How much is it to send this parcel to the US?
パースル
アメリカまで小包を送ると、いくらですか？
キーフレーズ

1,200 yen.
1,200円です。

There's china inside.
中に陶器(とうき)が入っています。

I'll put a fragile sticker on it.
フラヂャル / スティカァ
割れ物シールを貼(は)りますね。

You'll send that "beckoning cat," right?
ベカニン(グ)
「あの招き猫(ねこ)」を送るのね。

60

> 覚えておこう！

- Can you send it **express**?
  イクス**プ**レス
  速達にしてください。

- Can you send it by **airmail**?
  エアメイル
  航空便にしてください。

手紙と小包

letter 手紙

エンヴァロウプ
envelope
封筒

note paper
便せん

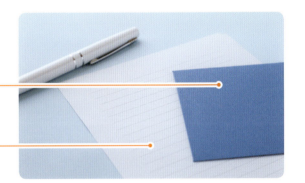

スタンプ
stamp
切手

parcel 小包

ラピン(グ)
wrapping paper
包装用紙

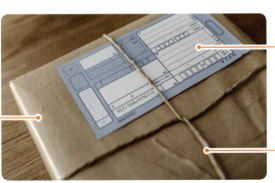

アドゥレス レイベル
address label
送り状

ストゥリン(グ)
string
ひも

さくいん

あ

RPG（アールピージー） role-playing game ━━━ 31
ICカード（アイシー） IC card ━━━ 08
あさがお morning glory ━━━ 51
あじさい hydrangea ━━━ 51
暖かい warm ━━━ 05
暑い hot ━━━ 05
アニメーション animation ━━━ 31
雨降りの rainy ━━━ 05
アメリカン・ショートヘア American shorthair ━━━ 43
市場 market ━━━ 23
犬 dog ━━━ 42
衣料品店 clothing store ━━━ 23
インコ parakeet ━━━ 43
インスタント食品 instant food ━━━ 21
うさぎ rabbit ━━━ 43
団扇 round fan ━━━ 29
映画 movie ━━━ 30
映画館 movie theater ━━━ 06, 07
駅 station ━━━ 06, 12, 46
駅員 station worker ━━━ 09
SNS（エスエスエス） SNS（social networking service） ━━━ 40, 41, 48
SNS中毒（エスエスエスちゅうどく） SNS addict ━━━ 41
エスカレーター Escalator ━━━ 37
エレベーター Elevator ━━━ 37
演歌 traditional Japanese ballad ━━━ 31
大阪 Osaka ━━━ 54
オートバイ motorcycle ━━━ 19
お菓子 sweets ━━━ 21
送り状 address label ━━━ 61
お土産 souvenir ━━━ 28
おもちゃ toy ━━━ 28

か

カーディガン cardigan ━━━ 25
ガードレール guard rail ━━━ 35
買い物 shopping ━━━ 04
歌手 singer ━━━ 44
カピバラ capybara ━━━ 49
カラオケ karaoke ━━━ 31
カンガルー kangaroo ━━━ 49
かんざし ornamental hairpin ━━━ 29

きく chrysanthemum ━━━ 51
切手 stamp ━━━ 61
切符 ticket ━━━ 08, 09, 12
キャミソール camisole ━━━ 25
救急車 ambulance ━━━ 19
競技場 stadium ━━━ 07
京都 Kyoto ━━━ 54
行列 line ━━━ 38, 39
キリン giraffe ━━━ 49
金魚 goldfish ━━━ 43
銀行 bank ━━━ 47
曇りの cloudy ━━━ 05
グラタン gratin ━━━ 33
車 car ━━━ 18
車椅子マーク Wheelchair access ━━━ 37
下駄 wooden clogs ━━━ 29
けん玉 cup and ball ━━━ 29
券売機 ticket vending machine ━━━ 09
コアラ koala ━━━ 49
公園 park ━━━ 07, 45
航空便 airmail ━━━ 61
交差点 intersection ━━━ 35, 44
交番 police box ━━━ 07
こけし wooden kokeshi doll ━━━ 29
小包 parcel ━━━ 60、61
ゴミ収集車 garbage truck ━━━ 19
コンビニ convenience store ━━━ 23、45

さ

魚 fish ━━━ 21
撮影禁止 No photographs ━━━ 37
寒い cold ━━━ 05
サル monkey ━━━ 49
ジーンズ jeans ━━━ 27
Jポップ（ジェイ） J-POP ━━━ 31
時刻表 timetable ━━━ 09
下着のパンツ underpants ━━━ 27
自転車 bicycle ━━━ 18
自動改札 automatic ticket gate ━━━ 08, 09
柴犬 shiba dog ━━━ 43
写真 picture ━━━ 40, 41, 48
シャツ shirt ━━━ 25
商店街 shopping street ━━━ 23

62

消防車 fire engine	19
消防署 fire station	07
ショートパンツ shorts	27
ショッピングモール shopping mall	23
信号 traffic light	34
スイートピー sweet pea	51
スウェット sweatshirt	25
スーツ suit	27
スーパー supermarket	20
スカート skirt	27
スクールゾーン School zone	37
スコティッシュ・フォールド Scottish fold	43
スパゲティ spaghetti	33
ズボン pants	27
スマホ smartphone	39
生花店 flower shop	23
セーター sweater	25
洗剤 detergents	21
扇子 folding fan	29
銭湯 public bath	23
ゾウ elephant	49
速達 express	61
ソフトドリンク soft drinks	21

た

タクシー taxi	19
立ち入り禁止 Do not enter	37
タンクトップ tank top	25
たんぽぽ dandelion	51
地下鉄の駅 subway station	44
地図 map	46
チューリップ tulip	51
駐輪場 bicycle parking lot	35
チワワ chihuahua	43
吊革 strap	17
Tシャツ T-shirt	24
手紙 letter	61
てぬぐい hand towel	29
電源オフ turn off	17
電車 train	09, 12, 13, 39
ドア注意 Mind the door	37
トイ・プードル toy poodle	43
トイレ Restroom	37
陶器 china	60
東京 Tokyo	18, 52

動物園 zoo	07, 48
道路 road	35
図書館 library	07
トラ tiger	49
トラック truck	19
ドリンクバー drinks bar	33

な

なのはな rape blossoms	51
肉 meat	21
乳製品 dairy products	21
猫 cat	42

は

パーカー hoodie	25
博物館 museum	07
パジャマ pajamas	27
バス bus	14, 15, 16, 19
バス停 stop	14
パスワード password	41
パトカー patrol car	19
バラ rose	50
パンケーキ pancake	33, 38, 40
パンダ panda	48, 49
ハンバーグ hamburger steak	33
非常口 Emergency exit	36, 37
ピザ pizza	33
ひまわり sunflower	51
ひも string	61
100円ショップ hundred-yen shop	04, 22
百貨店 department store	23
病院 hospital	58
便せん note paper	61
封筒 envelope	61
踏切 railroad crossing	35
ブラウス blouse	25
ブラジャー brassiere	27
プラットホーム platform	09
風呂敷 wrapping cloth	29
ペット pet	24, 42
邦画 Japanese movie	31
包装用紙 wrapping paper	61
北海道 Hokkaido	56
歩道 pedestrian	35
歩道橋 pedestrian bridge	35

63

ポロシャツ polo shirt ——————————— 25

ま

マナーモード silent mode ——————————— 17
招き猫 beckoning cat ——————————— 22, 60
漫画 comic book ——————————— 31
漫才 comedy duo ——————————— 31
三毛猫 calico cat ——————————— 43

や

野菜 vegetables ——————————— 21
薬局 drugstore ——————————— 23
優先席 priority seat ——————————— 17
郵便局 post office ——————————— 07

郵便バイク mail motorcycle ——————————— 19
雪の降る snowy ——————————— 05

ら

ライオン lion ——————————— 49
落語 solo performing comedian ——————————— 31
冷凍食品 frozen food ——————————— 21
れんげ lotus flower ——————————— 51
路線図 route map ——————————— 09

わ

Wi-Fi Wi-Fi ——————————— 41
和傘 Japanese umbrella ——————————— 29
ワンピース dress ——————————— 04, 24, 26, 27

●編著：大門久美子（だいもん・くみこ）
岡山県出身。千葉県在住。岡山大学大学院教育学研究科修了。（株）ベネッセコーポレーションで子ども向けの教材制作に携わり、その後独立。編集プロダクションを経営する傍ら、著作活動も精力的に行い、教育・実用・趣味の分野で、イラストやマンガ展開の執筆を得意とする。主な著書に、『1000人が選んだ一番よく使う旅の英語72フレーズ』（三修社）、『ようこそ日本へ！写真英語ずかん（全3巻）』（汐文社）、『ピクサーのなかまと学ぶはじめての科学（宇宙のふしぎ／地球のふしぎ／生きもののふしぎ）』（KADOKAWA）など多数。
会社HP http://www.ady.co.jp/

●イラスト：これきよ
子供と女性向けのかわいいイラストを色々な媒体に描いています。キラキラと魔女っ子が好き。
「ノート・日記・手帳が楽しくなる　ゆるスケッチ（インプレス）」など著書多数。
http://corekiyo.net

●デザイン：小沼宏之
●英文校閲：Margaret Sumida
●編集協力：川浪美帆
●写真：Pixta

Welcome to Japan!
中学英語で話そう　日本の文化
2 日本の街を歩こう

2018年2月　初版第1刷発行
2019年9月　初版第2刷発行

編著―――大門久美子
発行者―――小安宏幸
発行所―――株式会社汐文社
　　　　　〒102-0071 東京都千代田区富士見1-6-1
　　　　　富士見ビル1F
　　　　　TEL03-6862-5200 FAX03-6862-5202
　　　　　http://www.choubunsha.com/
印刷製本―――株式会社シナノ

ISBN978-4-8113-2414-2